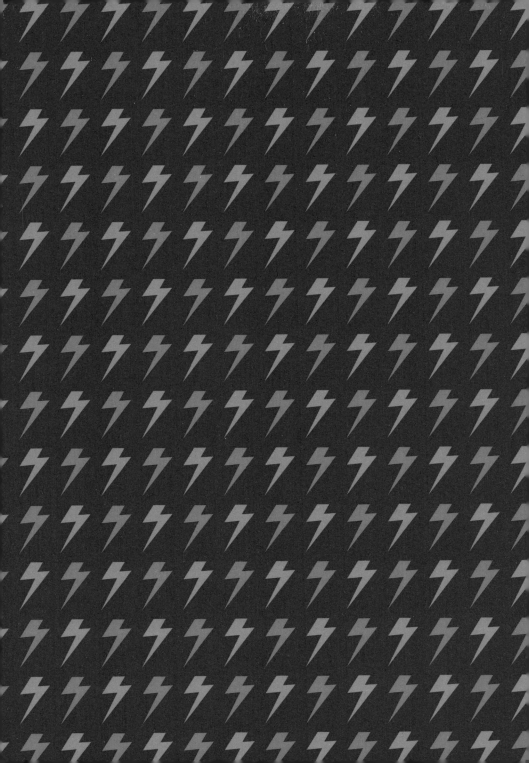

BIOGRÁFICO
BOWIE

BIOGRÁFICO
BOWIE

LIZ FLAVELL

cincotintas

La edición original de esta obra ha sido publicada
en Reino Unido en 2018 por Ammonite Press, sello editorial
de Guild Master Craftsman Publication Ltd, con el título

Biographic Bowie

Traducción del inglés
Gemma Fors

Copyright © de la edición original, GMC Publications Ltd, 2018
Copyright © del texto, Liz Flavell, 2018
Copyright © de la edición española, Cinco Tintas, S.L., 2019
Diagonal, 402 – 08037 Barcelona
www.cincotintas.com

Diseño e ilustración: Matt Carr y Robin Shields

Impreso en China
Depósito legal: B 2.887-2019
Código IBIC: BGF

ISBN 978-84-16407-62-0

CONTENIDOS

ICONOGRAFÍA

CUANDO ES POSIBLE RECONOCER A UN MÚSICO A TRAVÉS DE UN CONJUNTO DE ICONOS, DEBEMOS TAMBIÉN RECONOCER QUE DICHO ARTISTA Y SU MÚSICA HAN ENTRADO A FORMAR PARTE DE NUESTRA CULTURA Y NUESTRA CONCIENCIA.

INTRODUCCIÓN

La tarea de intentar transmitir la esencia de David Bowie a través de 50 iconos e infografías resulta tan atractiva como imposible. Su vida desafió estereotipos y convenciones, su arte se resistió a toda clasificación, y la frontera entre ambos siempre fue difusa. Bowie era un camaleón: músico, actor, artista y creador de estilos, aparecía para actuar como cosmonauta, rey de la purpurina, *soul boy*, ermitaño, cuentacuentos, adicto, abstemio, amante, esposo, padre... pero siempre como un revolucionario cultural, haciendo que sucesivas generaciones de fans creyeran que podían ser héroes.

La muerte de David Bowie el 10 de enero de 2016 resultó especialmente impactante porque tan solo dos días antes –en su 69 cumpleaños– había sorprendido a sus fans con el lanzamiento de su vigesimoquinto álbum, *Blackstar*. La idea de su posible fallecimiento a causa de un cáncer, poco después de un retorno tan potente y creativo, parecía imposible. Algunos temas clave —Bowie como un ser de otro mundo, la sensación de una vida coreografiada, la fusión de vida y arte— salieron brillantemente reforzados en este último acto artístico, que provocó manifestaciones globales de duelo y la ratificación de su legado.

«SIEMPRE TUVE UNA ESPECIE DE REPULSIVA NECESIDAD DE SER ALGO MÁS QUE HUMANO.»

DAVID BOWIE, *Rolling Stone*, **12 de febrero de 1976**

La vida de David Bowie empezó de manera más bien normal (su nombre real era David Jones) dentro de la austera atmósfera de la posguerra en las afueras de Londres. Como tantos otros jóvenes de la época, se enamoró de la música estadounidense y el sonido de Little Richard y Elvis. David Jones poseía una marcada inclinación hacia un estilo de vida menos convencional, ya fuera como artista, actor o músico. Se aventuró en todo aquello que el Londres de los años sesenta ofrecía: clases de mímica, meditación con monjes budistas, festivales de música folk y orgías.

En 1969 ya había cambiado su nombre por el de David Bowie y «Space Oddity» se había convertido en la banda sonora de la llegada del hombre a la Luna. Su carrera se había iniciado en un momento en que el mundo cruzaba las fronteras de lo tradicional y alcanzó el auténtico estrellato gracias a la creación de Ziggy Stardust. Vestido como un refugiado espacial de llameantes cabellos, Bowie electrizó a su público con actuaciones y sonidos vanguardistas. Sus discos superventas *Hunky Dory*, *The Rise and Fall of Ziggy Stardust and the Spiders from Mars* y *Aladdin Sane* se convirtieron en faros para toda una generación de jóvenes fuera de lugar. Si uno era un poco diferente, el cruce de géneros y roles de Bowie le hacía sentir mejor.

Los alter egos y los experimentos musicales de Bowie enfatizaron sucesivas eras del rock y el pop. Del enigmático Delgado Duque Blanco de Berlín y los años de música electrónica al bronceado de pelo rubio abombado y sonido discotequero de «Let's Dance», sus reinvenciones subrayan su importancia. Su último álbum, *Blackstar*, es, por muchos motivos, el más asombroso. Al conocerse la muerte de Bowie, se hizo evidente el verdadero significado del álbum. Las letras ambiguas, los vídeos simbólicos y el metamórfico diseño de la portada del álbum fueron la singular manera de Bowie de explorar su mortalidad y despedirse. Su muerte, como su vida, se había convertido en una obra de arte.

«A VECES UNO NO CONOCE EL VERDADERO VALOR DE UN INSTANTE HASTA QUE SE CONVIERTE EN RECUERDO.»

**IMAN ABDULMAJID,
9 de enero de 2016**

El impacto cultural de Bowie va mucho más allá de canciones tan influyentes como «Life on Mars?» o películas que marcan una época como *El hombre que cayó a la Tierra*. ¿Quién iba a saber que internet nos cambiaría la vida? Bowie era consciente de ello en 1999. ¿Quién se vistió de mujer para cuestionar las ideas tradicionales de género? Fue Bowie en 1971, provocando controversia acerca de su sexualidad. Para muchos fans, Bowie era mucho más que una estrella del rock: abrió una puerta que liberó a las personas para que fueran lo que desearan ser. Nuestra celebración infográfica de su vida y su mundo, obra y legado, pretende capturar al menos algunas de las máscaras y personajes, iconos e invenciones del artista que será recordado como Starman.

DAVID BOWIE

01
VIDA

«SIEMPRE HE PENSADO QUE LA ÚNICA FORMA DE VIVIR LA VIDA ERA COMO SUPERMAN, A POR TODAS. ME SENTÍA DEMASIADO INSIGNIFICANTE SIENDO SOLO OTRA PERSONA MÁS.»

DAVID BOWIE, *Playboy*, septiembre de 1976

DAVID BOWIE

**nació el 8 de enero de 1947
en Brixton, Londres**

LONDRES

BRIXTON

David Robert Jones nació en el número 40 de Stansfield Road, Brixton. Su padre, Haywood Stenton «John» Jones, era relaciones públicas de la organización benéfica infantil Dr Barnardo's Homes y conoció a la madre de Bowie, Margaret Mary «Peggy» Burns, mientras ella trabajaba de camarera. Peggy ya tenía un niño llamado Terry y había dado otro hijo en adopción. John tenía esposa y una hija pequeña. John y Peggy no se casaron hasta que David tenía ocho meses, cuando John obtuvo finalmente

Dos meses después del final de la Segunda Guerra Mundial, el racionamiento seguía vigente y la comida escaseaba. Los Jones compartían una humilde casita de tres plantas con otras dos familias. Fuera, las calles eran grises y los niños jugaban en descampados abiertos por bombas, pero fue de las cenizas de esta ciudad de posguerra de donde surgió Bowie.

REINO UNIDO

EL BABY BOOM DEL ROCANROL

MARC BOLAN
30 de septiembre

BRIAN MAY
19 de julio

ELTON JOHN
25 de marzo

DON HENLEY
22 de julio

ABUELO

James Edward Burns
(1887–1946)

ABUELA

Mary Heaton
(1880–)

El primogénito de Peggy
y hermanastro de Bowie,
Terry Burns, nació en 1937.
Peggy también tuvo un breve
romance durante la guerra y
dio a luz a una niña llamada
Myra Ann Burns. La pequeña
fue dada en adopción en 1943.

MADRE

**Margaret Mary
«Peggy» Burns**
(1913–2001)

WIFE

**Mary Angela
«Angie» Barnett**
(1949–)

*Casados en 1970 y
divorciados en 1980*

**David
Robert
Jones**
(1947–2016)

HIJO

**Duncan Zowie
Haywood Jones**
(1971–)

ÁRBOL GENEALÓGICO DE BOWIE

El abuelo de Bowie, Robert Jones, solo contaba 34 años cuando murió en la batalla de Somme; su esposa Zillah falleció cuatro meses después y el padre de Bowie fue criado por una tía. John mantenía un fuerte vínculo con su hijo, pero murió antes de verle triunfar. En cambio, Bowie tuvo una relación problemática con su madre y pasó años sin hablarse con ella antes de reconciliarse en 1992. El hermanastro de Bowie, Terry, fue su ídolo durante la infancia, pero sufría una enfermedad mental y estuvo ingresado en un hospital psiquiátrico hasta su suicidio en 1985.

ABUELO
Robert Haywood Jones
(1882–1916)

ABUELA
Zillah Hannah Blackburn
(1887–1917)

PADRE
Haywood Stenton «John» Jones
(1912–1969)

La hermanastra de Bowie, Annette, nació en 1941, fruto de una aventura de su padre con una enfermera durante la guerra. Annette fue criada por la primera esposa de John, Hilda.

ESPOSA
Iman Abdulmajid
(1955–)

Casados en 1992

HIJA
Alexandria Zahra Jones
(2000–)

SWINGING SIXTIES

1962

George Underwood, el mejor amigo de Bowie, le da un puñetazo durante una pelea por una chica. El golpe provoca la diferencia de color entre sus ojos.

Bowie y Underwood forman The Konrads, con Bowie al saxo y los coros. Tocan canciones de los Beatles y los Shadows.

1966

Ken Pitt, mánager del mundo de espectáculo, empieza a representar a Bowie. A finales de año, Pitt le ha conseguido un contrato con el nuevo sello de Decca, Deram.

Bowie visita la casa de Pitt y se lleva unos libros prestados de su extensa biblioteca: Oscar Wilde y Albert Camus encienden su imaginación.

1965

Para evitar que le confundan con Davy Jones, cantante de los Monkees, Davie Jones se convierte en David Bowie, tomando el nombre del pionero estadounidense James «Jim» Bowie.

1967

Publica su primer álbum, *David Bowie*, el 1 de junio. La semana anterior, los Beatles habían lanzado *Sgt. Pepper's Lonely Hearts Club Band*.

Cada vez más fascinado con el budismo, Bowie se recluye en un centro de recogimiento en Escocia y se plantea hacerse monje. En agosto conoce al bailarín y mimo Lindsay Kemp y se matricula en su academia londinense de Covent Garden. En septiembre, Bowie realiza su primera interpretación cinematográfica, en el cortometraje de terror en blanco y negro *The Image*. En octubre recibe el carné que le acredita como miembro del sindicato británico de profesionales del espectáculo.

ESTILO DE VIDA
MÚSICA

1963

Bowie termina el módulo artístico de secundaria. Su maestro Owen Frampton le encuentra prácticas laborales como dibujante publicitario.

Los Konrads graban la canción «I Never Dreamed» con Decca, pero no alcanzan el éxito. Bowie adopta el nombre Davie Jones.

1965

Bowie se une a la banda mod The Lower Third y empieza a trabajar en el club Marquee. El grupo se desplaza en una vieja ambulancia para acudir a sus conciertos.

1964

«London swinging» (Londres está de moda) y él lo absorbe todo.

Forma la banda de rhythm and blues The King Bees. El sencillo «Liza Jane» no llega a las listas de éxitos, de modo que abandona el grupo.

1968

Realiza una prueba para el musical *Hair*. En abril, en un plató de la producción de la BBC *Theatre 625*, conoce a la bailarina de ballet Hermione Farthingale.

Bowie y Farthingale forman una banda llamada Turquoise, cuyo nombre cambian más tarde a Feathers, y tocan canciones ligeras de los años sesenta.

1969

Crea un club de folk llamado Arts Lab, ubicado en el pub Three Tuns de Beckenham. El 5 de agosto fallece su padre.

El mismo año que el hombre llega a la Luna, Bowie alcanza su primer éxito con «Space Oddity». La canción asciende hasta la quinta posición de las listas de éxitos del Reino Unido y gana un premio Ivor Novello compartido.

GÍRATE Y OBSERVA LO EXTRAÑO

Desde bien joven, Bowie llamaba la atención.
Era esquelético y el singular color de sus ojos
provocaba un efecto hipnótico.

MAQUILLAJE

A los tres años, su madre lo pilló maquillándose y le dijo que parecía un payaso.

OJOS

El puñetazo de George
Underwood le daña el músculo
esfínter pupilar del iris. Esta
lesión le causa anisocoria, lo
cual hace que parezca que
sus pupilas tienen tamaños
diferentes y sus ojos,
colores distintos.

DENTADURA

A lo largo de los años setenta, la sonrisa de Bowie
brillaba a pesar de sus dientes descolocados. La
artista alemana Jessine Hein los encontró tan
fascinantes que realizó una recreación esculpida
a mano de los mismos. Bowie se sometió a un
tratamiento dental en los ochenta y finalmente se
renovó la dentadura por completo en los noventa.

CABELLO

Su primera aparición televisiva se produjo cuando tenía 17 años. Como presidente de la Sociedad para la Prevención de la Crueldad contra los Hombres de Pelo Largo, acudió al programa *Tonight* de la BBC con una larga melena rubia.

CIGARRILLOS

Su adicción al tabaco era legendaria y empezó de adolescente. Durante muchos años fumó unos 80 cigarrillos al día. Las entrevistas con la estrella se desarrollaban en medio de una nube de humo. Si uno escucha atentamente la canción «Can You Hear Me» de *Young Americans* se le oye aspirando una calada. Fueron necesarios unos cuantos ataques al corazón para que abandonara el hábito.

ZURDO

Escribía con la izquierda pero tocaba la guitarra con la derecha.

EL LONDRES DE BOWIE

El artista inició su vida y su carrera en Londres. Aunque nació en Brixton y, a menudo se refería a sí mismo como un «chico de Brixton», en 1953, los Jones se mudaron quince kilómetros al sur, al barrio londinense de Bromley. Bowie vivió allí 10 años, hasta que, a los 16, se trasladó al centro de Londres, donde desempeñó su primer y único trabajo en el mundo real en la agencia de publicidad Nevin D. Hirst.

En busca de fama y fortuna, se sumergió en su música, dando conciertos en la capital y haciendo del Soho su hogar. En 1974, menos de seis meses después de jubilar a Ziggy Stardust, se marchó de Londres para no volver.

DOMICILIOS EN EL MUNDO

Tras dejar Londres, el éxito de Bowie le ofreció la oportunidad de vivir por todo el mundo.

Nueva York, EE. UU. (1974-1975)
Los Ángeles, EE. UU. (1975-1976)
Berlín, Alemania (1976-1978)
Vaud, Suiza (1976-1982)
Nueva York, EE. UU. (1979)
Lausana, Suiza (1982-1992)
Sídney, Australia (1982-1992)
Mustique, San Vicente (1989-1995)
Nueva York, EE. UU. (1992-2002)
Somerset, Bermudas (1997)
Nueva York, EE. UU. (1999-2016)
Ulster County, EE. UU. (2003-2016)

ESTUDIOS DECCA
Grabó su primer álbum, *David Bowie*, y el sencillo de 1967 «The Laughing Gnome».

CENTRO DE TELEVISIÓN DE LA BBC
Grabó «Starman» para el programa *Top of the Pops* en 1972.

SALA HAMMERSMITH APOLLO
Anunció el fin de Ziggy Stardust en 1973.

LEYENDA

● Domicilio

● Actuación

● Vida social

● Estudio

● Sesión fotográfica

ESTUDIOS TRIDENT
Grabó *David Bowie*, *Hunky Dory* y *The Rise and Fall of Ziggy Stardust and the Spiders from Mars*.

VALE COURT
Vivió seis meses aquí en 1973.

LA GIOCONDA
Se reunió con Marc Bolan y Steve Marriott para hablar de música.

MANCHESTER STREET, 39
Se alojó con su mánager Ken Pitt en 1967.

CLUB MARQUEE
Filmó *The 1980 Floor Show* en 1973.

CLAREVILLE GROVE, 22
Vivió con Hermione Farthingale en 1968.

CARNABY STREET
Buscaba en la basura de las tiendas ropa desechada.

HEDDON STREET
Posó para la portada de *Ziggy Stardust* en 1972.

OAKLEY STREET, 89
Vivió aquí en 1973-1974.

STANSFIELD ROAD, 40
Aquí nació y vivió hasta los seis años.

GILSTON ROAD, 43
Adquirió una mansión en Chelsea pero nunca vivió allí a causa del acoso de los paparazzis.

CAMDEN

WESTMINSTER

LAMBETH

EL JUEGO DE LA VIDA

23 AÑOS

1970

Se casa

Vive en Haddon Hall

Coche nuevo

Concibe un hijo

Se va de fiesta con John Lennon

28 AÑOS

Película *El hombre que cayó a la Tierra*

Se traslada a Los Ángeles

1975

1974

Queda atrapado en una plataforma elevadora durante una actuación

Gira por EE. UU.

27 AÑOS

1976

29 AÑOS

Se muda a Suiza

Se interesa por la Cábala

Detenido por posesión de drogas en Rochester, EE. UU.

Se traslada a Berlín

1977

30 AÑOS

Nuevo proceso de composición

Se desmelena con Iggy Pop

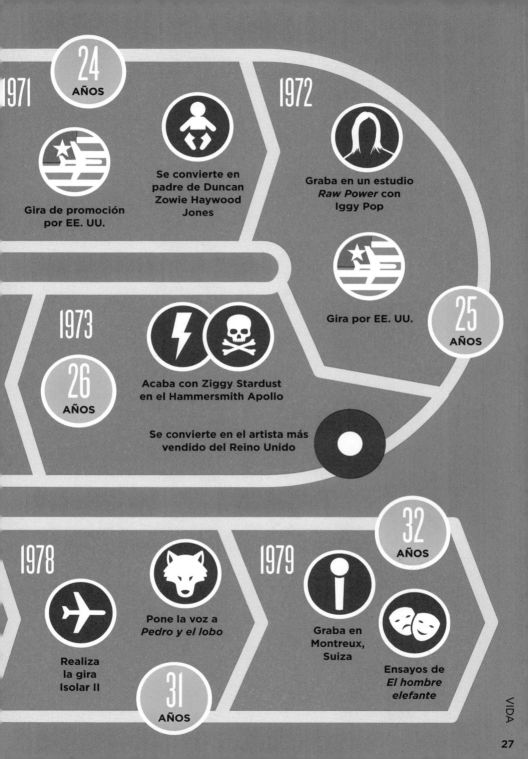

1971

24 AÑOS

Gira de promoción por EE. UU.

Se convierte en padre de Duncan Zowie Haywood Jones

1972

Graba en un estudio *Raw Power* con Iggy Pop

Gira por EE. UU.

25 AÑOS

1973

26 AÑOS

Acaba con Ziggy Stardust en el Hammersmith Apollo

Se convierte en el artista más vendido del Reino Unido

1978

Realiza la gira Isolar II

Pone la voz a *Pedro y el lobo*

31 AÑOS

1979

Graba en Montreux, Suiza

32 AÑOS

Ensayos de *El hombre elefante*

VIDA

27

ENERO

Enero fue un mes significativo a lo largo de la vida de Bowie. Fue el mes de su nacimiento, de su defunción y de mucho más...

4

1973
Se emite «The Jean Genie», en *Top of the Pops*

5

2015
Se bautiza un asteroide como 342843 Davidbowie

10

2016
Fallecimiento

11

1972
Actuación en BBC Radio 1 para el DJ John Peel

16

1985
Su hermanastro Terry Burns se suicida

17

1996
Entra en el Salón de la Fama del Rocanrol

23

1971
Viaja a EE. UU. por primera vez

1976
Publica *Station to Station*

24

1973
Da los toques finales a *Aladdin Sane*

29

1972
Actúa en Friars Aylesbury; Freddie Mercury está entre el público

1974
Graba maquetas en Olympic Studios, Londres

3
1973
Graba «The Jean Genie» para *Top of the Pops*

1972
Publica «Changes»

8

1947
Nacimiento

2016
Publica *Blackstar*

14
1966
Publica «Can't Help Thinking About Me»
1977
Publica *Low*

15
1971
Publica «Holy Holy»
2016
Blackstar debuta como n.º 1 en el Reino Unido

25
2010
Publica el álbum en directo *A Reality Tour*

26
1975
Emisión del documental sobre Bowie *Cracked Actor*, de Alan Yentob.

27
1983
Firma contrato con EMI América

31
1970
Viaja a Edimburgo para trabajar en el film *The Looking Glass Murders*

Música

Personal

Otros

MODERN LOVE, AMOR MODERNO

La vida amorosa de David Bowie fue tan experimental y progresista como su música. Se casó dos veces y mantuvo una serie de romances de alto copete; al parecer incluso Elizabeth Taylor se rindió a sus encantos. En 1972, solo dos años después de casarse con la modelo estadounidense Angie Barnett, Bowie anunció que era gay. Más adelante matizó que era bisexual, antes de volver a cambiar de opinión afirmando: «Siempre fui un heterosexual en el armario». En 2002, en una entrevista, tras años de rumores acerca de sus proezas sexuales, Bowie declaró lo siguiente: «Era increíblemente promiscuo; lo dejaré ahí».

HERMIONE FARTHINGALE

La pelirroja actriz hippy fue el primer amor de Bowie. En el verano de 1968 se mudó a su piso de South Kensington. Bowie rara vez escribía letras personales, pero más adelante abriría su corazón en las canciones «Letter to Hermione» y «An Occasional Dream».

1968

1969

Después de Hermione, Bowie se refugió en Beckenham y lo hizo entre los brazos de su casera, Mary Finnigan. Juntos crearon el Arts Lab en el pub Three Tuns y Bowie tocaba su música para ella.

MARY FINNIGAN

1970

MARY ANGELA «ANGIE» BARNETT

Exuberante, educada en Suiza, de orientación sexual diversa y llena de energía, Angie fue quien encontró Haddon Hall y lo transformó en un palacio para su creativo esposo. Cuando su matrimonio abierto se estaba desmoronando, él comparó aquella relación con «vivir con un soplete».

1990

IMAN ABDULMAJID

«La noche que nos conocimos ya busqué nombre para nuestros hijos.» Bowie nunca ocultó que sintió un flechazo al conocer a Iman en una fiesta en 1990. La supermodelo somalí estaba más que a la altura intelectual de Bowie y se casaron en abril de 1992. En agosto de 2000, la pareja tuvo una hija, Alexandria.

1987

En 1987, durante la gira Glass Spider, Bowie conoció a la bailarina estadounidense Melissa Hurley. Se prometieron en 1990, pero Bowie rompió el compromiso al darse cuenta de que los 20 años de diferencia de edad serían un problema en el futuro.

MELISSA HURLEY

MUERTE
10 DE ENERO DE 2016

Mike Garson, el pianista de toda la vida de Bowie, afirma que un adivino le dijo a este a finales de los setenta que moriría a los «69 o 70 años» y confesó que aquello era algo que Bowie creía de veras. En su última sesión fotográfica, el día de su 69 cumpleaños, Bowie aparecía juguetón y feliz.

«ME GUSTARÍA QUE MI MUERTE FUERA TAN INTERESANTE COMO MI VIDA HA SIDO Y SERÁ.»

DAVID BOWIE, *Playboy*, septiembre de 1976

«SU MUERTE NO FUE DIFERENTE A SU VIDA: UNA OBRA DE ARTE.»

TONY VISCONTI, amigo y productor de Bowie, 11 de enero de 2016

Tomadas por su amigo, el fotógrafo Jimmy King, las instantáneas se publicaron en la cuenta de Instagram de Bowie con el pie de foto: «¿Por qué está tan feliz este hombre? ¿Se debe a que hoy cumple 69 años o a que ha lanzado su 28.º álbum y es la bomba?».

Dos días después, Bowie moría en su apartamento de Nueva York, aquejado en secreto de un cáncer de hígado desde hacía 18 meses. Los fans de todo el mundo lloraron a su héroe. En la plaza Windrush de Brixton, la multitud cantaba «Starman» y «Let's Dance». En Nueva York se amontonaron flores a las puertas del número 285 de Lafayette Street, donde Bowie había pasado sus últimos días. En Berlín, la gente se agolpaba en el número 155 de la calle Hauptstrasse, en el barrio de Schönenberg, donde Bowie había compartido piso con Iggy Pop de 1976 a 1978. Fue incinerado sin funeral y sus restos descansan en un lugar que únicamente conocen sus más allegados.

DAVID
BOWIE

02
MUNDO

«ESTAMOS HABLANDO DE UN JOVEN CON MUNDO, CULTO, DISPUESTO A SALIR AL MUNDO Y DARLO TODO, PERO CONCENTRADO EN UN OBJETIVO CONCRETO: EL ÉXITO.»

INSPIRACIÓN PARA UN ICONO

Cuando se inauguró la exposición *David Bowie Is* en el Museo Victoria y Alberto de Londres en 2013, una de las primeras piezas que se exhibía era una réplica de la habitación de Bowie de jovencito. Era anodina y oscura, pero albergaba lo que le inspiró durante la infancia...

BLOC DE NOTAS

En el instituto Bromley Technical, su tutor y profesor de arte Owen Frampton (padre del músico Peter Frampton) ejerció una enorme influencia en el joven Bowie. Animaba a sus alumnos a pensar en sus futuras carreras y encaminó a muchos de ellos hacia la escuela de bellas artes. David Bowie afirmaba a menudo que él había asistido a una, aunque en realidad no fue así.

TELEVISIÓN

En 1953, John Jones compró un televisor para que la familia pudiera ver la coronación de la reina Isabel II, pero Bowie, que tenía 6 años, mostró más interés por la serie en blanco y negro de la BBC *The Quatermass Experiment*. Este clásico despertó en él una fascinación por la ciencia ficción que se mantendría durante toda su vida.

TOCADISCOS

Al joven Bowie le encantaba el jazz y estaba fascinado por Little Richard. Al preguntarle por el éxito de 1955 «Tutti Frutti», Bowie contestó: «Llenaba la habitación de energía y color y escandaloso desafío. Era como escuchar a Dios».

LITTLE RICHARD

'Tutti Frutti'

FÚTBOL AMERICANO

En la década de los cincuenta, una radio de onda corta era como un pasaporte a otro mundo. Bowie pasaba horas escuchando la Radio de las Fuerzas Armadas Estadounidenses y a los comentaristas de deportes yanquis. Se obsesionó por el fútbol americano y disfrutaba viendo fotos de los jugadores vestidos con su equipación. En noviembre de 1960, Bowie fue fotografiado para el *Bromley & Kentish Times* vestido con su propia equipación: ¡fue su primera foto publicitaria!

LA VIDA SOBRE 4 RUEDAS

MERCEDES

Bowie dijo una vez que la canción «Always Crashing in the Same Car» del álbum *Low* trataba sobre un accidente que había tenido con su Mercedes en Suiza. Sin embargo, Iggy Pop proporcionó otra versión: durante la estancia de ambos en Berlín, en los peores momentos de la adicción de Bowie a la cocaína, ambos iban en coche por los bares de la ciudad. Iggy explicó que se encontraron con un traficante que Bowie pensaba que le había estafado, por lo que decidió embestir su vehículo con el Mercedes. Tras el incidente, Iggy afirma que Bowie se puso a conducir a más de 100 km/h por el aparcamiento subterráneo de su hotel gritando a pleno pulmón que quería acabar con todo estampándose contra una pared. Afortunadamente, antes de conseguirlo, el coche se quedó sin gasolina.

En 1973, en pleno apogeo de Ziggy Stardust, Bowie conducía un Rolls-Royce Silver Ghost, a años luz de los días en los que aparecía en los conciertos en una vieja ambulancia. El artista tuvo varios vehículos clásicos, incluido un Jaguar E-Type, un Ford Mustang y una limusina Mercedes descapotable de 6,4 metros de longitud: el coche habitual de jefes de Estado y dictadores.

RUPERT THE RILEY

A principios de los años setenta, Bowie, con ayuda de un amigo, reconstruyó un Riley 9 Gamecock de 1932. Tras invertir horas trabajando en aquel coche con estructura de madera, grabó la canción «Rupert the Riley» para demostrar su afecto por el vehículo. Al poco tiempo, el Riley se le caló delante de la comisaría de policía de Lewisham, en Londres. Bowie puso primera e intentó arrancarlo con manivela, pero el automóvil se puso de repente en marcha y le atropelló rompiéndole ambas piernas. Después de una semana en el hospital de Lewisham, Bowie decidió vender su querido coche. En la época de Ziggy Stardust, se le veían las cicatrices que el accidente le dejó en la parte interna del muslo derecho.

MINI

En 1999, el icónico automóvil británico, el Mini, celebraba su 40 aniversario. Para conmemorar la ocasión, los fabricantes de BMC contactaron con tres iconos de la cultura británica, Kate Moss, Paul Smith y David Bowie, a fin de que que diseñaran tres vehículos únicos para una exposición. Paul Smith envolvió su coche con sus típicas rayas multicolores, Moss optó por una telaraña como tema y Bowie personalizó el suyo con una versión forrada de espejos del vehículo clásico, ventanillas incluidas. Cuando se le preguntó por su contribución, comentó: «La propia imagen del observador se convierte en la interfaz inmediata». El Mini de Bowie es ahora una pieza permanente del museo BMW de Múnich.

HALLO SPACEBOY

Bowie se sentía intrigado por el espacio. Orbitó repetidamente alrededor de este tema en su música y películas.

TIERRA

Earthling (1997)

Bowie protagonizó en 1976 la película satírica de ciencia ficción *El hombre que cayó a la Tierra*, en el papel de un alienígena humanoide.

LUNA

«Moonage Daydream» (1972)
Gira Serious Moonlight (1983)

El hijo de Bowie, Duncan Jones, dirigió la película de ciencia ficción *Moon* en 2009.

ESPACIO

«Space Oddity» (1969)
«Dancing Out in Space» (2013)

En 2013, el astronauta Chris Hadfield interpretó su propia versión de «Space Oddity» desde la Estación Espacial Internacional.

MARTE

«Life on Mars?» (1971)
***The Rise and Fall of Ziggy Stardust and the Spiders from Mars* (1972)**

The Spiders from Mars, la banda de Bowie, tomó su nombre de un avistamiento masivo de ovnis en Italia en 1954. Los testigos afirmaron que unos ovnis en forma de huevo les rociaron con purpurina plateada. Los informes oficiales explicaron el incidente como una masa de seda flotante procedente de arañas migrantes atrapada en la corriente en chorro.

SATÉLITE

«Looking for Satellites» (1997)

La canción de Lou Reed «Satellite of Love» fue escrita en 1970, cuando este aún pertenecía a la Velvet Underground. Acabó en el álbum de Bowie *Transformer*, de 1972, con Bowie haciendo los coros.

OVNI

«Born in a UFO» (2013)

Se dice que Bowie y sus amigos del colegio publicaban un boletín sobre ovnis.

COSMONAUTA

«Ashes to Ashes» (1980)
«Hallo Spaceboy» (1995)

En 1995, Bowie colaboró con el artista Damien Hirst en una pintura giratoria titulada *Beautiful, Hallo, Spaceboy Painting*, que se adjudicó en 2016 en una subasta por 785.000 libras.

ESTRELLA

«Starman» (1972)
«The Prettiest Star» (1973)
«New Killer Star» (2003)
«The Stars (Are Out Tonight)» (2013)
Blackstar (2016)

Ziggy Stardust es su personaje más icónico.

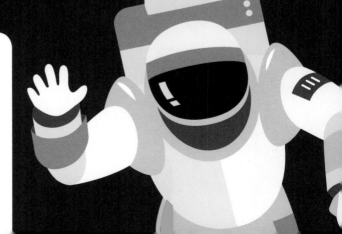

ZIGGY TOCABA...

... la guitarra, el saxo, el piano y muchos otros instrumentos. El día de Navidad de 1961, el padre de Bowie le regaló un saxo Grafton blanco y convenció a Ronnie Ross, el mejor saxo barítono del Reino Unido, para que le diera clases los sábados por la mañana. Más de una década después, Bowie producía a Lou Reed y contrató a Ross para que tocara en «Walk on the Wild Side». Tras un solo perfecto de Ross en una única toma, Bowie salió de la sala de control y dijo: «Gracias, Ron. ¿Nos vemos en tu casa el sábado por la mañana?».

ARMÓNICA

ESTILÓFONO

VIOLONCHELO

VIOLÍN

VIOLA

FLAUTA DULCE

MANDOLINA

2

Es el número de flautas que Bowie toca en «Life on Mars». Se puede escuchar el sonido de dos flautas tocando una contramelodía en la segunda estrofa.

SAXOFÓN
ALTO

SAXOFÓN
TENOR

GUITARRA

PIANO

TECLADO

ARPA DE
BOCA

KOTO

LA CREACIÓN DE ZIGGY

NOMBRE

El nombre de la superestrella extraterrestre fue robado de un cantante country llamado Legendary Stardust Cowboy. Ziggy lo tomó de una sastrería del East End londinense.

MAQUILLAJE

Su antiguo profesor de mimo, Lindsay Kemp, le enseñó a maquillarse. Antes de cada espectáculo, Bowie dedicaba alrededor de dos horas a prepararse. Utilizaba polvos y cremas de colores intensos, importados de la India, adquiridos en una tienda de Roma. El polvo blanco de arroz que se aplicaba como base era de Japón y el círculo brillante de la frente lo conseguía con una base dorada alemana que encontraba en una tienda de Nueva York.

INSPIRACIÓN

Ziggy era una fusión de personajes: un poco de Gene Vincent, un matiz de Vince Taylor, una pizca de Iggy Pop, un toque de Marc Bolan, una gota de Lindsay Kemp y una pincelada de Malcolm McDowell en *La naranja mecánica*.

CABELLO

El famoso corte de pelo de Bowie se inspiró en la modelo Christine Walton, que apareció en *Vogue* en agosto de 1971. El impactante color rojo fue copiado de una modelo de la portada de la revista *Honey*. Suzi Fussey, la peluquera de la madre de Bowie en Beckenham, recibió el encargo de cambiar el aspecto de Bowie. Fussey se convirtió en la estilista de la gira de Ziggy Stardust y más adelante se casó con Mick Ronson, el guitarrista de la banda The Spiders From Mars.

BOWIE VIVIÓ A DIETA DE LECHE Y PIMIENTOS ROJOS

En 1975, Bowie se trasladó a Los Ángeles para protagonizar y componer la banda sonora de *El hombre que cayó a la Tierra*. Después de once semanas de filmación en el desierto de Nuevo México, y tras fracasar con la banda sonora, regresó a la ciudad y se puso a trabajar en su siguiente álbum. Con la retirada de Ziggy Stardust, Bowie se transformó en el Delgado Duque Blanco, inspirándose en su personaje de *El hombre que cayó a la Tierra*, y se instaló en los estudios Cherokee de Hollywood.

A medida que las canciones iban tomando forma, alimentado por su adicción a la cocaína, las madrugadas se convirtieron en días sin dormir y se dice que el artista se alimentaba con una dieta de leche y pimientos rojos. En noviembre terminó el álbum *Station to Station*. En una entrevista años más tarde, Bowie admitió: «Solo sé que fue [grabado] en Los Ángeles porque lo he leído».

LAFAYETTE STREET, 285

Bowie e Iman compraron su ático del SoHo en 1999. Vivieron allí hasta la muerte de él.

PARQUE DE WASHINGTON SQUARE

El artista explicó una vez que era el lugar que más le gustaba de toda la ciudad.

LIBRERÍA MCNALLY JACKSON

Era conocida la pasión de Bowie por la lectura y pasaba horas rebuscando entre las estanterías de su librería preferida.

HOTEL ESSEX HOUSE

Antes de trasladarse a Lafayette Street, un apartamento en el noveno piso del hotel Essex House fue su hogar durante más de una década.

AMOR POR NUEVA YORK

En 1993, Bowie se estableció permanentemente con Iman en Manhattan. Retomando su verdadero nombre, David Jones, consiguió pasar desapercibido: con solo una gorra o un periódico extranjero bajo el brazo, despistaba a todo el mundo. Su hija Alexandria nació en el hospital Mount Sinai en 2000 y, en 2016, Bowie murió plácidamente en su ático de Manhattan.

ELECTRIC CIRCUS

En 1971, viajó a EE. UU. por primera vez. Durante su estancia en Nueva York, aprovechó para ver a la Velvet Underground actuar en el Electric Circus.

TALLER DE TEATRO NEOYORQUINO

Uno de sus últimos proyectos consistió en coescribir *Lazarus*, una secuela musical de *El hombre que cayó a la Tierra*.

«HE VIVIDO EN NUEVA YORK MÁS TIEMPO QUE EN NINGÚN OTRO LUGAR. ES ASOMBROSA. SOY NEOYORQUINO.»

DAVID BOWIE, *SOMA*, 2003

EL VISIONARIO

La obra de Bowie fue más allá del mundo de las artes. Fue un pionero de la era digital e incluso fundó su propio banco.

DESCARGABLE

En septiembre de 1996, hizo historia al lanzar la canción «Telling Lies» en formato descargable únicamente desde su sitio web. Fue el primer sencillo en línea de un artista consagrado y se tardaban más de 11 minutos descargarla. Hubo 5.000 descargas en las primeras horas tras su publicación.

Dejó Virgin Records en 2001 para crear su propio sello independiente, ISO. Bowie comentó respecto a esta decisión: «No estoy de acuerdo con cómo se han hecho las cosas y, como compositor más bien prolífico, me siento frustrado ante tanta lentitud y entorpecimiento para todo».

ACCIONES BOWIE

En 1997, Bowie se convirtió en el primer artista musical que entraba en el mercado de valores. Los «Bowie Bonds» permitían a los inversores adquirir acciones de las regalías obtenidas de un catálogo que incluía *Hunky Dory*, *Aladdin Sane* y *Let's Dance*. Bowie ganó 55 millones de dólares con esta iniciativa.

«CREO QUE EL POTENCIAL DE LO QUE INTERNET SIGNIFICARÁ PARA LA SOCIEDAD, BUENO Y MALO, ES INIMAGINABLE.»

DAVID BOWIE,
Newsnight, BBC, 1999

BOWIENET

En 1998, se convirtió en el primer músico que lanzaba su propio servidor de internet. Por una modesta tarifa de suscripción, los usuarios de BowieNet podían crear su propia dirección electrónica, acceder a archivos de fotos y noticias, escuchar música y ver vídeos.

FINANZAS

En 2000, fundó su propia marca bancaria en línea, BowieBanc. El banco expedía tarjetas de débito y cheques para sus usuarios con la cara de la estrella. Como ventaja adicional, al abrir una cuenta, se recibía un año de suscripción a BowieNet.

5 COSAS QUE NO SABÍAS ACERCA DE BOWIE

1 Se desmayó de miedo cuando un avión en el que volaba recibió el impacto de un rayo. A raíz de ello, durante muchos años optó por trasladarse en barco. En 1972, Bowie viajó en un camarote del *Queen Elizabeth 2* hasta Nueva York para iniciar su gira estadounidense.

2 Nunca destacó por sus proezas domésticas y afirmaba no ser buen cocinero: «Se me quema hasta el agua... Bueno, podría hervir un huevo. Y preparar café radioactivo». Su comida predilecta era un plato británico: el pastel de carne casero de Iman.

3 Muy a menudo leía un libro en un solo día. Tenía un gran sentido del humor y le gustaba el cómic *Viz*, además de *Puckoon*, de Spike Milligan. En un plano más serio valoraba *El yo dividido*, de R. D. Laing. Entre sus favoritos también había obras de ficción como *Lolita*, de Nabokov, y *Chico negro*, de Richard Wright.

4 En 1969, apareció en un anuncio del helado Lyons Maid Luv. El director era un joven cineasta llamado Ridley Scott, que más tarde dirigiría *Alien* y *Gladiator*.

5 Intervino en la canción de Queen «Cool Cat» del álbum de 1982 *Hot Space*, pero, insatisfecho con su interpretación, la eliminó del tema. Siguió colaborando con la banda y escribió el sencillo «Under Pressure», que llegaría al número uno de las listas de éxitos.

DAVID BOWIE

03
OBRA

«TUVE QUE ACEPTAR, HACE MUCHOS AÑOS, QUE NO SE ME DA BIEN EXPRESAR LO QUE SIENTO. PERO MI MÚSICA LO HACE POR MÍ, DE VERDAD. EN ELLA, A TRAVÉS DE ACORDES Y MELODÍAS, ESTÁ TODO LO QUE DESEO DECIR.»

DAVID BOWIE, *Livewire*, 16 de junio de 2002

EL MOMENTO QUE CONMOVIÓ A UNA GENERACIÓN: 6 DE JULIO DE 1972

0:01 Apertura con un primer plano de una guitarra azul de 12 cuerdas con la que los dedos de Bowie rasguean los primeros compases de «Starman».

0:16 Corte para mostrar la sonrisa pícara de Bowie y su voluminoso cabello rojo: el glam rock es lo más del momento, pero esto es otra cosa...

0:21 El plano se abre lentamente para revelar el mono tecnicolor de Bowie.

0:37 Barrido de cámara hacia el resto del grupo. El batería viste de seda rosa y Mick Ronson, con su largo cabello rubio teñido, lleva un traje dorado.

PROGRAMA:
TOP OF THE POPS

CANCIÓN:
«STARMAN»

ESPECTADORES:
15 MILLONES

1:38 Bowie mira hacia delante y, mientras canta, señala a cámara con el dedo como si se dirigiera a cada uno de los espectadores.

2:17 Bowie rodea al guitarrista Mick Ronson con el brazo. ¿Se trata de un gesto amistoso o quiere sugerir algo más?

3:20 Plano de chico en camiseta sin mangas y chicas bailando extravagantemente. La yuxtaposición de la banda alienígena con los jóvenes desgarbados representa una afirmación en sí misma.

OBRA

ANATOMÍA DE UN LP: HUNKY DORY

El cuarto álbum de estudio de David Bowie, y su primer disco con RCA Records, fue donde verdaderamente empezó a destacar su habilidad como compositor. Su álbum anterior, *The Man Who Sold the World*, había conseguido cierto éxito –aunque no lo bastante para llegar a las listas–, pero era experimental e inconsistente. Publicado justo un año después, *Hunky Dory* enseguida fue un éxito de crítica y público, y sigue considerándose uno de los mejores trabajos de Bowie. En 2010, la revista *Time* incluyó el disco en su lista de los 100 mejores álbumes de todos los tiempos.

5 HISTORIAS DE *HUNKY DORY*

1. «Queen Bitch» se escribió como homenaje a Lou Reed y The Velvet Underground.
2. El piano que toca Rick Wakeman era un centenario Beckstein que también se utilizó para canciones de los Beatles, Elton John y Genesis.
3. Bowie contaba distintas historias en relación con el significado de «The Bewlay Brothers», pero finalmente admitió que trataba de su hermanastro Terry y su lucha contra la esquizofrenia.
4. El hijo de Bowie nació una semana antes del inicio de las sesiones de grabación del álbum.
5. La portada del álbum se inspiró en fotografías de Marlene Dietrich.

3 POSICIÓN MÁS ALTA EN LAS LISTAS BRITÁNICAS

DURACIÓN: 41 min 50 s

GRABACIÓN: JUNIO-AGOSTO DE 1971

LANZAMIENTO: 17 DE DICIEMBRE DE 1971

INTÉRPRETES

DAVID BOWIE

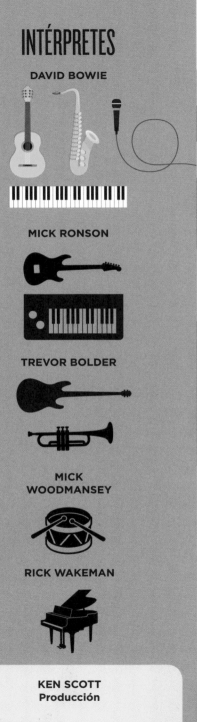

MICK RONSON

TREVOR BOLDER

MICK WOODMANSEY

RICK WAKEMAN

KEN SCOTT
Producción

CANCIONES

1. CHANGES
2. OH! YOU PRETTY THINGS
3. EIGHT LINE POEM
4. LIFE ON MARS?
5. KOOKS
6. QUICKSAND
7. FILL YOUR HEART
8. ANDY WARHOL
9. SONG FOR BOB DYLAN
10. QUEEN BITCH
11. THE BEWLAY BROTHERS

TEMAS

- Héroes americanos
- Paternidad y familia
- Hippy y folk
- Fuera del mundo

El álbum se grabó en los estudios Trident de Londres.

MAJOR TOM

Creado en 1969, el mismo año en que el hombre pisa la Luna, el Mayor Tom fue un astronauta ficticio y una válvula de escape semiautobiográfica para Bowie: un alma perdida que luchaba contra la adicción.

ARNOLD CORNS

En 1971, junto con el diseñador de moda Freddie Burretti, Bowie grabó una serie de canciones para B&C Records. En aquel momento, su contrato seguía vigente con Mercury, de modo que no podía publicarlas bajo su nombre, y así nació Arnold Corns. El proyecto paralelo no tuvo éxito.

ZIGGY STARDUST

El emblemático alter ego de Bowie era un extraterrestre pelirrojo, andrógino, bisexual, de estilo glam rock. Su primera aparición fue en febrero de 1972, y Bowie se metió totalmente en el personaje. En 1973, tras dos álbumes y pasados menos de 18 meses desde su concepción, Bowie jubiló a Ziggy.

BOWIE EL DE LAS MIL CARAS

ALADDIN SANE

Aunque Aladdin Sane (juego de palabras, del inglés «a lad insane», un tipo loco) era un personaje independiente, Bowie lo veía como una mera evolución de Ziggy Stardust. Creado para el álbum homónimo de 1973, Bowie describió al personaje como «Ziggy hace las Américas», y era más provocativo y chocante que este último.

HALLOWEEN JACK

Tras dejar atrás a Ziggy Stardust y Aladdin Sane, en 1974 Bowie se trasladó a EE. UU. y volvió a transformarse. Halloween Jack era «un tío guay» que debutó con el álbum *Diamond Dogs* de 1974. El pelo de pincho, el parche en el ojo y el pañuelo fueron precursores del look punk-rock.

THE THIN WHITE DUKE

Bowie describió al Delgado Duque Blanco, su personaje en 1975-1976 –vestido de forma impecable, insensible y amoral–, como «un tipo realmente desagradable». Con el cabello acicalado, camisa blanca y chaleco, el Delgado Duque Blanco contrastaba enormemente con sus encarnaciones previas, si bien no por ello resultaba menos extravagante. Más tarde, se disculparía por algunos de sus actos como el Duque.

MODA EN EVOLUCIÓN

La experimentación y el cambio eran parte integral de la música, la vida y el look de Bowie. Su vestuario formaba parte de sus actuaciones tanto como su música.

1960 MOD

El Londres de los sesenta estaba inundado de jóvenes mod y Bowie adoptó su look con americanas y trajes de mohair.

PARA DESLUMBRAR

Lucía una larga y ondulante melena y tenía afición por la ropa andrógina y los pantalones de campana.

PARA DESCOLOCAR

Angie Bowie ayudó a crear los extravagantes atuendos de Ziggy Stardust y Aladdin Sane. El estilismo, incluidos los famosos monos acolchados, fue obra de Freddie Burretti.

TOKYO POP

Elaboró el vestuario de Aladdin Sane con el diseñador Kansai Yamamoto. Este traje de samurái espacial, con pantalones anchos de artes marciales, es emblemático.

TRAJES

Freddie Burretti diseñó también el traje azul claro y el característico jersey azul que llevó Bowie en la gira Diamond Dogs de 1974.

AMOR MODERNO

Alexander McQueen diseñó este abrigo con las líneas de la bandera británica que vistió Bowie para la portada del álbum *Earthling*, de 1997.

ANATOMÍA DE UN LP: «HEROES»

En 1976, el artista cambió Los Ángeles por Berlín en un intento por dejar la cocaína y evitar ser el centro de atención. Mientras compartía apartamento con Iggy Pop, se interesó por la escena musical alemana y el sonido minimalista de Brian Eno. La «trilogía de Berlín», su colaboración con Eno, definió a Bowie como un artista experimental y progresista en los setenta. *«Heroes»* se considera un hito creativo gracias a la sorprendente voz de Bowie, los sintetizadores de Eno y la guitarra de Robert Fripp –todo ello subrayado por la innovadora producción de Visconti– que influiría en toda una generación de músicos.

5 HISTORIAS DE «HEROES»

1. Visconti montó tres micrófonos (en lugar de uno, como es habitual) para grabar las voces: a 23 cm, a 6 m y a 15 m.
2. Bowie dijo que las comillas del título «indican la dimensión irónica de la palabra "héroes" y todo el concepto de heroísmo».
3. El estudio se hallaba a 500 metros del muro de Berlín.
4. «Oblique Strategies» (Estrategias oblicuas) era un juego de cartas creado por Brian Eno y utilizado por Bowie. Tomando una carta y siguiendo las instrucciones, un artista podía superar un bloqueo creativo.
5. La canción «Heroes» cuenta la historia de dos amantes y se inspiró en el productor Tony Visconti besando a su chica junto al muro de Berlín.

3 POSICIÓN MÁS ALTA EN LAS LISTAS BRITÁNICAS

DURACIÓN: 40 min 19 s

GRABACIÓN: JUNIO-AGOSTO DE 1977

LANZAMIENTO: 14 DE OCTUBRE DE 1977

INTÉRPRETES

DAVID BOWIE

ROBERT FRIPP

CARLOS ALOMAR

DENNIS DAVIS

BRIAN ENO

TONY VISCONTI
Producción, percusión y coros

CANCIONES

1. BEAUTY AND THE BEAST
2. JOE THE LION
3. «HEROES»
4. SONS OF THE SILENT AGE
5. BLACKOUT
6. V-2 SCHNEIDER
7. SENSE OF DOUBT
8. MOSS GARDEN
9. NEUKÖLN
10. THE SECRET LIFE OF ARABIA

TEMAS

- Historia de amor
- Estrategia oblicua
- Adicción a la cocaína/supervivencia/locura
- Instrumental

El álbum se grabó en los estudios Hansa Tonstudios de Berlín.

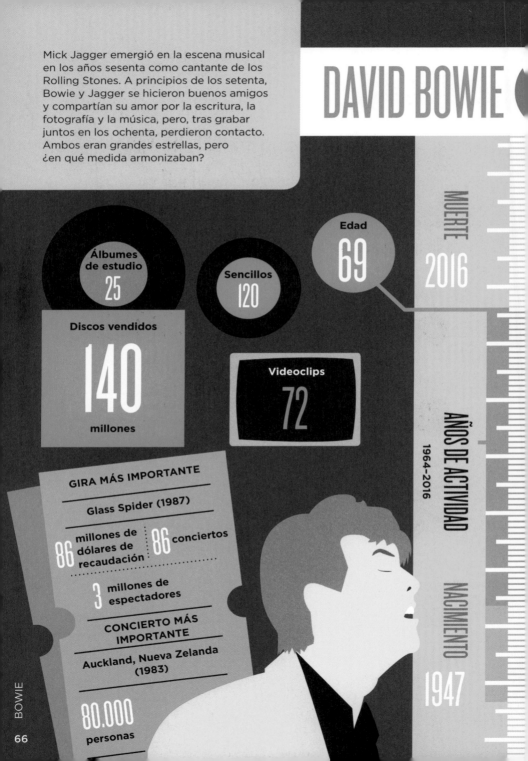

Mick Jagger emergió en la escena musical en los años sesenta como cantante de los Rolling Stones. A principios de los setenta, Bowie y Jagger se hicieron buenos amigos y compartían su amor por la escritura, la fotografía y la música, pero, tras grabar juntos en los ochenta, perdieron contacto. Ambos eran grandes estrellas, pero ¿en qué medida armonizaban?

DAVID BOWIE

Álbumes de estudio
25

Sencillos
120

Edad
69

Discos vendidos
140
millones

Videoclips
72

MUERTE
2016

AÑOS DE ACTIVIDAD
1964-2016

NACIMIENTO
1947

GIRA MÁS IMPORTANTE

Glass Spider (1987)

86 millones de dólares de recaudación

86 conciertos

3 millones de espectadores

CONCIERTO MÁS IMPORTANTE

Auckland, Nueva Zelanda (1983)

80.000 personas

MICK JAGGER

DANCING IN THE STREET

En 1985 Bowie y Jagger interpretaron la canción de 1964 «Dancing in the Street», original de Marvin Gaye, para Live Aid. El sencillo triunfó y alcanzó el n.º 1 de las listas de éxitos del Reino Unido.

Sencillos
120

Álbumes de estudio
30

Discos vendidos
140
millones

Videoclips
64

AÑOS DE ACTIVIDAD
1962–

NACIMIENTO
1943

GIRA MÁS IMPORTANTE
A Bigger Bang (2005-2007)

558 millones de dólares de recaudación

147 conciertos

4,68 millones de espectadores

CONCIERTO MÁS IMPORTANTE
Rio de Janeiro, Brasil (2006)

1.500.000 personas

OBRA

¿ROCANROLEAMOS JUNTOS?

A Bowie le encantaba trabajar con otros músicos y fomentaba la creatividad y la experimentación en el estudio. Cuando se unió a Queen en 1981 para grabar «Under Pressure», abrió el camino con la letra y el estribillo inicial. Fue un éxito, n.º 1 en el Reino Unido, para el rey de la colaboración. Así que ¿con quién más montó algo?

STEVIE RAY VAUGHAN

QUEEN

PETE TOWNSHEND

EARL SLICK

TONY VISCONTI

MICK RONSON

LOU REED

RICK WAKEMAN

ROBERT FRIPP

ANATOMÍA DE UN LP: BLACKSTAR

El último álbum de estudio de David Bowie se grabó en secreto durante la primavera de 2015 y se publicó el día del 69 cumpleaños de Bowie, el 8 de enero de 2016. Dos días más tarde, el artista fallecía. Aunque los temas del álbum tratan aparentemente de la propia mortalidad de Bowie, este estaba lleno de energía y ánimos durante la grabación. El guitarrista Ben Monder recordaba: «Cada día me marchaba del estudio lleno de euforia. No tenía ni la menor idea de que estaba participando en el que sería su último trabajo. Parte del material tenía cierta oscuridad, pero nunca interpreté nada funesto en ello».

5 SECRETOS DE *BLACKSTAR*

1. La carátula, el libreto y la funda del álbum son obra de Jonathan Barnbrook, que también diseñó *Heathen*, *Reality* y *The Next Day*.
2. El álbum está lleno de misterios y secretos, incluidas las estrellas que aparecen sobre el mismo cuando se expone a la luz del sol.
3. Los segmentos de estrellas de la portada, debajo de la estrella principal, deletrean la palabra BOWIE.
4. *Blackstar* se convirtió en el primer álbum de Bowie que alcanzaba el n.º 1 en las listas de éxitos de EE. UU.
5. Es el primer álbum del artista en cuya portada no sale su retrato.

1 POSICIÓN MÁS ALTA EN LAS LISTAS BRITÁNICAS

DURACIÓN 41 min 13 s

GRABACIÓN:
ENERO-MARZO DE 2015
LANZAMIENTO:
8 DE ENERO DE 2016

INTÉRPRETES

DAVID BOWIE

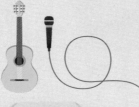

DONNY MCCASLIN

BEN MONDER

TIM LEFEBVRE

MARK GUILIANA

JASON LINDNER

TONY VISCONTI
Producción, cuerdas
e ingeniería de sonido

CANCIONES

1. BLACKSTAR
2. 'TIS A PITY SHE WAS A WHORE
3. LAZARUS
4. SUE (OR IN A SEASON OF CRIME)
5. GIRL LOVES ME
6. DOLLAR DAYS
7. I CAN'T GIVE EVERYTHING AWAY

TEMAS

- Asesinato (basada en una obra teatral)
- Primera Guerra Mundial
- Dolor y uso de medicación
- Despedida y muerte

El álbum se grabó en los estudios Magic Shop y Human Worldwide de Nueva York.

OBRA

THE MAN WHO SOLD THE WORLD
1970

DIAMOND DOGS
1974

LOW
1977

DAVID BOWIE
1967

THE RISE AND FALL OF ZIGGY STARDUST AND THE SPIDERS FROM MARS
1972

YOUNG AMERICANS
1975

LOS ÁLBUMES

En noviembre de 2016 se lanzó *Legacy: The Best of Bowie*. Es una vía fácil para entrar en la música de Bowie. Sin embargo, para comprender realmente al hombre y su música, hay 25 álbumes de estudio por explorar...

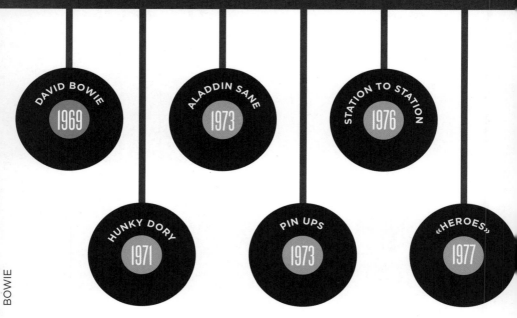

DAVID BOWIE
1969

ALADDIN SANE
1973

STATION TO STATION
1976

HUNKY DORY
1971

PIN UPS
1973

«HEROES»
1977

LET'S DANCE
1983

1. OUTSIDE
1995

REALITY
2003

LODGER
1979

NEVER LET ME DOWN
1987

HOURS...
1999

BLACKSTAR
2016

«[BLACKSTAR ES] UN ÁLBUM ATREVIDO QUE DEMUESTRA QUE BOWIE SIEMPRE IBA UN PASO POR DELANTE... AHORA SEGUIRÁ ASÍ POR TODA LA ETERNIDAD.» SEAN O'NEAL, 2016

SCARY MONSTERS (AND SUPER CREEPS)
1980

BLACK TIE WHITE NOISE
1993

HEATHEN
2002

TONIGHT
1984

EARTHLING
1997

THE NEXT DAY
2013

EL ARTE DE COMPONER CANCIONES

COR TAR

> «ME OBLIGUÉ A SER UN BUEN COMPOSITOR Y ACABÉ CONVIRTIÉNDOME EN UNO. ME TOMÉ COMO UN TRABAJO LLEGAR A SER BUENO.»

DAVID BOWIE, *Starman*, 2012

Bowie adoptó un método de «recortes» para componer canciones a mediados de los años setenta. La idea se inspiraba en el autor William S. Burroughs, que había empleado esta técnica para escribir su novela *El almuerzo desnudo*. Bowie tomaba la letra que había escrito en un papel y la cortaba en secciones que mezclaba y recomponía para obtener algo más intrigante.

PIANISTA

Angie Bowie vivía con el artista en Haddon Hall cuando este compuso las canciones para *Hunky Dory* y *The Rise and Fall of Ziggy Stardust and the Spiders from Mars*. Ella recuerda que Bowie se pasaba horas al piano: «David es un músico fantástico porque su enfoque no viene de estudiar, sino de oído. Posee la habilidad de arrancar una canción desde los primeros instantes en que se pone a tocar un instrumento. Componer con el piano ampliaba sus posibilidades por la relación de este instrumento con tantos tipos de música: clásica, cabaré, todos los estilos en general».

DAVID BOWIE

04
LEGADO

«DURAN DURAN, MADONNA, LADY GAGA, BEYONCÉ, DAFT PUNK: CUANDO EL POP ES AMBICIOSO, CUANDO ES SINGULAR, CUANDO SE VISTE DE GALA, CUANDO EL POP SE PRESENTA COMO ALGO QUE NO SE HA VISTO ANTES, UTILIZA LAS HERRAMIENTAS Y EL MARCO FORJADOS POR UN HOMBRE DE BROMLEY DE DIENTES LAPIDARIOS, CON EL NOMBRE TOMADO PRESTADO DE UN CUCHILLO.»

CAITLIN MORAN, *Moranifesto*, 2016

BOWIE EN CIFRAS

25 ÁLBUMES DE ESTUDIO

5 PREMIOS GRAMMY

Bowie también ganó el Premio a Toda una Carrera en 2006.

11 SENCILLOS N.º 1 EN EL REINO UNIDO

Aladdin Sane, Pin Ups, Diamond Dogs, Scary Monsters (And Super Creeps), Let's Dance, Tonight, Changesbowie, Black Tie White Noise, Best of Bowie, The Next Day, Blackstar

4 PREMIOS BRIT

Bowie también ganó el Premio a una Contribución Excepcional a la Música Británica en 1996 y el BRIT Icon en 2016.

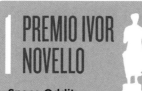

PREMIO IVOR NOVELLO

1

«Space Oddity»
(1970)

5 SENCILLOS N.º 1 EN EL REINO UNIDO

«Space Oddity», «Ashes
to Ashes», «Under
Pressure», «Let's Dance»,
«Dancing in the Street»

120 SENCILLOS

CH-CH-CH-CH-CHANGES

LOS VIDEOCLIPS MÁS CAROS DE LA HISTORIA (POR AÑO)

7.000.000 $	
6.500.000 $	
6.000.000 $	
5.500.000 $	
5.000.000 $	
4.500.000 $	
4.000.000 $	
3.500.000 $	
3.000.000 $	
2.500.000 $	
2.000.000 $	
1.500.000 $	
1.000.000 $	
500.000 $	

1980
David Bowie
«Ashes to
Ashes»

1983
Michael
Jackson
«Thriller»

1987
Michael
Jackson
«Bad»

1989
Madonna
«Express
Yourself»

Bowie sentía debilidad por su primera creación, el Mayor Tom, de «Space Oddity», de modo que continuó su historia en la canción «Ashes to Ashes» del álbum *Scary Monsters (And Super Creeps)*. El videoclip, filmado en la costa meridional de Inglaterra con un reparto de excéntricos que incluía a Steve Strange, de la banda Visage, y con vestuario diseñado por Natasha Korniloff, costó la friolera de 500.000 dólares: el más caro hasta aquel momento.

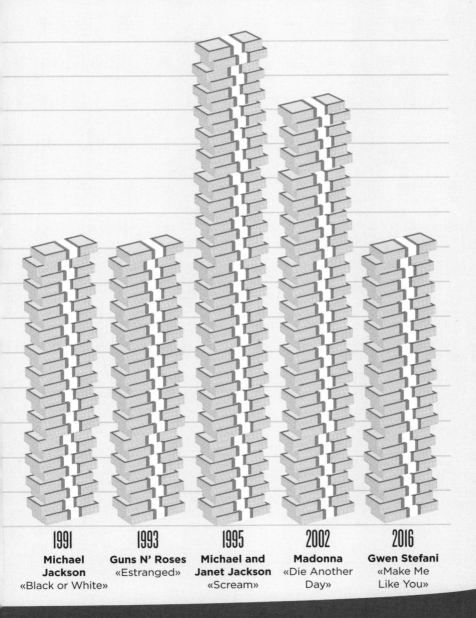

1991
Michael Jackson
«Black or White»

1993
Guns N' Roses
«Estranged»

1995
Michael and Janet Jackson
«Scream»

2002
Madonna
«Die Another Day»

2016
Gwen Stefani
«Make Me Like You»

PUERTAS ABIERTAS

La música de Bowie transitó por una amplia variedad de estilos y produjo canciones memorables en todos ellos. Abrió las puertas para millones de personas de todas las procedencias e influyó en más géneros musicales que ningún otro artista.

PUNK

Siouxsie Sioux dijo una vez que el punk no habría surgido sin Bowie. A través de Bowie, los jóvenes punkis llegaron a Iggy Pop, reconocido como el «padrino del punk». «Fue el artista más importante del siglo XX», afirmó Siouxsie.

POP

Paul Weller argumentó que la batería de «Sound and Vision» definía el sonido de la percusión para la década siguiente, mientras que *Low* suponía el matrimonio de la vanguardia con un estilo lírico y melódico que ha conformado el sonido de la música pop moderna desde entonces.

INDIE

Bowie hizo que ser diferente fuera aceptable. Ian McCulloch, de Echo and the Bunnymen (abajo), se inspiró en su filosofía. En su canción «Me and David Bowie», intentó explicarlo y dar las gracias a su héroe.

POST-PUNK

Joy Division y su sucesora, la rompedora banda New Order, están en deuda con Bowie y los sonidos experimentales que este incluyó en el álbum *Low*. David Gahan, de Depeche Mode, creció pensando que no iba a hacer nada en la vida, pero Bowie le dio fe para escapar...

LOS NUEVOS ROMÁNTICOS

Duran Duran, Spandau Ballet y Japan tomaron prestado el look de Bowie, que este recuperó en el vídeo de «Ashes to Ashes».

ROCK

El guitarrista de U2, The Edge, afirmó que el «espíritu inquieto y creativo» de Bowie les dio fuerzas para lanzar discos como *Achtung Baby*. Johnny Marr, de los Smiths, dijo una vez que Bowie demostró que uno puede ser lo que desee si actúa como si creyera en ello.

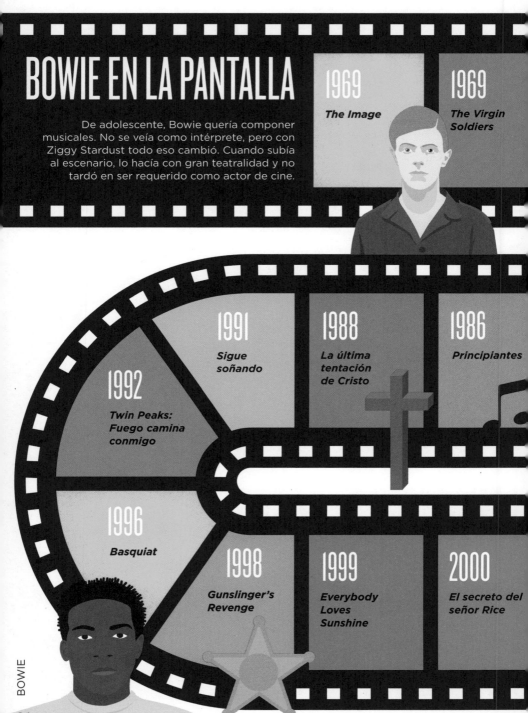

BOWIE EN LA PANTALLA

De adolescente, Bowie quería componer musicales. No se veía como intérprete, pero con Ziggy Stardust todo eso cambió. Cuando subía al escenario, lo hacía con gran teatralidad y no tardó en ser requerido como actor de cine.

1969
The Image

1969
The Virgin Soldiers

1992
Twin Peaks: Fuego camina conmigo

1991
Sigue soñando

1988
La última tentación de Cristo

1986
Principiantes

1996
Basquiat

1998
Gunslinger's Revenge

1999
Everybody Loves Sunshine

2000
El secreto del señor Rice

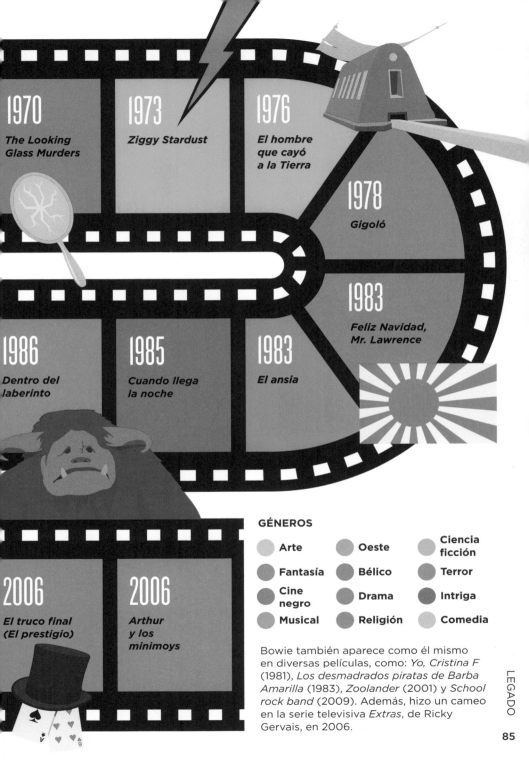

1970
The Looking Glass Murders

1973
Ziggy Stardust

1976
El hombre que cayó a la Tierra

1978
Gigoló

1983
Feliz Navidad, Mr. Lawrence

1986
Dentro del laberinto

1985
Cuando llega la noche

1983
El ansia

2006
El truco final (El prestigio)

2006
Arthur y los minimoys

GÉNEROS

- Arte
- Fantasía
- Cine negro
- Musical
- Oeste
- Bélico
- Drama
- Religión
- Ciencia ficción
- Terror
- Intriga
- Comedia

Bowie también aparece como él mismo en diversas películas, como: *Yo, Cristina F* (1981), *Los desmadrados piratas de Barba Amarilla* (1983), *Zoolander* (2001) y *School rock band* (2009). Además, hizo un cameo en la serie televisiva *Extras*, de Ricky Gervais, en 2006.

En 2013, cuando un periodista preguntó a Bowie por el diagrama del flujo de trabajo para su último álbum *The Next Day*, Bowie respondió con 42 palabras.

SÚCUBO

INDULGENCIAS

INTIMIDACIÓN

VAMPÍRICO

TRANSFERENCIA

AISLAMIENTO

VIOLENCIA

REHÉN

PANTEÓN

CTÓNICO

IDENTIDAD

VENGANZA

EFIGIES

INTERFAZ

ÓSMOSIS

CRUZADA

REVOLOTEO

TIRANO

DOMINACIÓN

ENTIERRO

RASTRO

PLANEO

VUELO

LEVA

INDIFERENCIA

RESTABLECIMIENTO

ANARQUISTA

TRAIDOR

MANIPULAR

REVERSO

MIASMA

DESCOLOCADO

FÚNEBRE

ORIGEN

BALCÁNICO

MERECIDO

MURO

URBANO

MISTIFICACIÓN

TRÁGICO

ATREVIMIENTO

TEXTO

SUBASTA DEL PATRIMONIO DE BOWIE

Al morir, Bowie dejó la mayor parte de su patrimonio, unos 100 millones de dólares, a Iman y sus hijos. Los días 10 y 11 de noviembre de 2016, más de 400 obras pertenecientes al artista, incluidas piezas de arte y mobiliario, se subastaron en Sotheby's de Londres.

ARTE

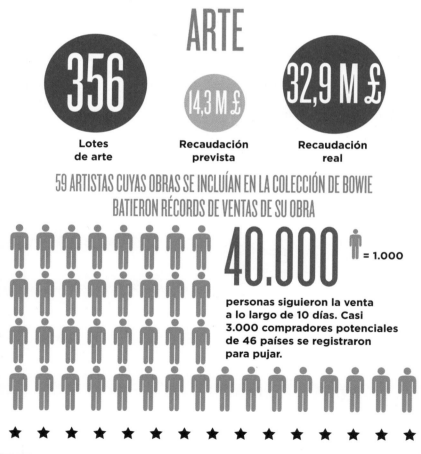

356
Lotes de arte

14,3 M £
Recaudación prevista

32,9 M £
Recaudación real

59 ARTISTAS CUYAS OBRAS SE INCLUÍAN EN LA COLECCIÓN DE BOWIE BATIERON RÉCORDS DE VENTAS DE SU OBRA

40.000 👤 = 1.000

personas siguieron la venta a lo largo de 10 días. Casi 3.000 compradores potenciales de 46 países se registraron para pujar.

DISEÑO

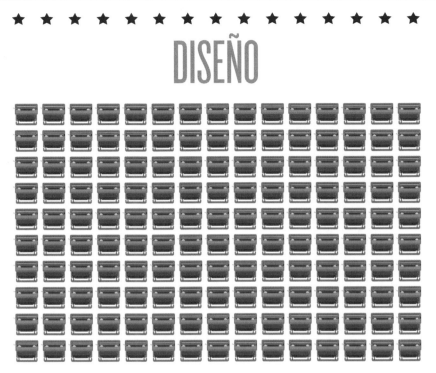

1 POR EL PRECIO DE 150

Una máquina de escribir Olivetti Valentine de color rojo, diseñada por Sottsass y Perry King y valorada en 300 libras, se vendió a un comprador telefónico por 45.000 libras, 150 veces su valor estimado.

323.049 $

Precio pagado por su tocadiscos Brionvega personalizado

117 mil £

Recaudación prevista

1,4 M £

Recaudación real

EL TOCADISCOS SE VALORÓ ENTRE 1.000 Y 2.000 £.

5 COSAS LLAMADAS EN SU HONOR

SPICA

SIGMA LIBRAE

SAO 204 132

ZETA CENTAURI

SAO 241 641

BETA
TRIANGULUM
AUTRINI

DELTA OCTANTIS

7 ESTRELLAS

Para celebrar la vida de
«Starman», un grupo de
astrónomos belgas buscaron
inspiración en el firmamento.
Señalaron que siete estrellas
cercanas a Marte brillaban
con fuerza y dibujaban una
constelación con la forma del
rayo de Aladdin Sane. No es
oficial, pero se ha solicitado
que dicha constelación se
bautice como Bowie.

342843 DAVIDBOWIE

Solo tres días antes del
68 cumpleaños de Bowie,
el Minor Planet Center,
una organización que se
dedica a la observación
de planetas menores,
aprobó que se bautizara
un pequeño asteroide con
el nombre del cantante.
El cuerpo lo descubrió en
2008 el astrónomo alemán
Felix Hormuth.

HOMBRE-ARAÑA

Una araña de color amarillo chillón, descubierta en 2009 en Malasia, se bautizó *Heteropoda davidbowie*.

HELADO BLACKSTAR

En 2017, una heladería de Berlín presentó su nuevo helado, el «blackstar». Bautizado con el nombre del último álbum de Bowie, combina helado de castaña con chocolate negro y nata aromatizada con humo de puro habano.

LIBRA DE BRIXTON

Esta moneda local de Londres fue creada en 2009 para fomentar el comercio en la ciudad. En 2011, se presentó el billete de 10 libras que homenajeaba al «chico de Brixton». Al morir Bowie, los billetes cambiaban de mano por hasta cinco veces su valor.

10

BRIXTON£

BIOGRAFÍAS

Iggy Pop
(1947–)

«La luz de mi vida», así definió su amistad con Bowie. Se conocieron en 1971 y en 1976 Bowie tomó bajo su protección a Iggy, que estaba desquiciado por el consumo de drogas, y produjo y colaboró en su primer álbum, *The Idiot*. Iggy más tarde se mudó al apartamento de Bowie en Berlín.

Lou Reed
(1942–2013)

Bowie llamaba a Reed el «maestro» y, en la década de los sesenta, Bowie estaba enamorado de la The Velvet Underground. Bowie coprodujo el segundo álbum en solitario de Reed, *Transformer*, y fueron amigos hasta la muerte del estadounidense en 2013.

Kate
Moss (1974–)

La modelo veía a Bowie como una figura paterna. Se hicieron amigos durante una sesión fotográfica para la revista *Q* en 2003. En 2014, Moss vistió el emblemático traje de Bowie llamado Woodland Creatures («Criaturas del bosque»), para recoger el premio BRIT al Mejor Solista Masculino en representación suya.

Tony Visconti
(1944–)

El productor y músico estadounidense trabajó en 13 de los álbumes de Bowie. Su amistad se acrecentó con los años, a pesar de diferencias ocasionales. Visconti era de los pocos amigos del círculo íntimo de Bowie que sabía que estaba enfermo.

Coco
(Corinne) Schwab

Secretaria personal de Bowie durante 43 años, Schwab empezó como oficinista en la empresa de Bowie en 1973. En seis meses, ya era su asistente personal y le acompañó en todas sus giras. Bowie dijo una vez que Schwab era su mejor amiga.

Robert Fox (1952–)

El director británico de cine y teatro entabló amistad con Bowie en 1974. Estrecharon sus lazos a través de libros y obras teatrales, y siguieron siendo amigos durante más de 40 años. Su último trabajo juntos fue el musical *Lazarus*.

Marc Bolan
(1947–1977)

Se conocieron en los sesenta, cuando Bolan trabajaba de decorador. En 1971, Bolan se hizo famoso con T. Rex tras el éxito de «Ride a White Swan». Bowie apareció en el espectáculo *Marc*, en septiembre de 1977, el mes en que Bolan había fallecido en un accidente de coche.

Tilda Swinton
(1960–)

«Parecía venir del mismo planeta que yo», dijo la actriz y modelo británica, que lo conoció y se hizo amiga suya cuando él la llamó para aparecer a su lado en el vídeo de «The Stars (Are Out Tonight)» en 2013. Ella afirmó que era como una prima para él.

George Underwood
(1947–)

Era el amigo más antiguo de Bowie y la razón de la diferencia entre sus ojos. Underwood es conocido como artista y por ser el diseñador de las portadas de sus álbumes de los años setenta, incluidas las de *Hunky Dory* y *The Rise and Fall of Ziggy Stardust and the Spiders from Mars*.

John Lennon
(1940–1980)

Bowie y el ex-Beatle se conocieron en 1974. Colaboraron en «Fame», que sería el primer sencillo de Bowie que llegó al número uno en EE. UU. En su última entrevista, Lennon dijo que deseaba grabar algo tan bueno como *«Heroes»* de Bowie.

Mick Ronson
(1946–1993)

El guitarrista de Bowie era natural de Kingston upon Hull. Era conocido por sus solos pero también orquestó la sección de cuerda de «Walk on the Wild Side» de Lou Reed. Murió joven y algo olvidado de cáncer de hígado.

Brian Eno
(1948–)

El músico y compositor británico fue amigo y colaborador de Bowie durante más de 40 años, e intervino en la creación de *Low*, *«Heroes»*, *Lodger* y *1. Outside*. Eno recuerda los emails humorísticos de Bowie, incluido el último: «Gracias por los buenos ratos, Brian. Nunca se pudrirán».

● Músico   ● Productor

● Amigo   ● Ayudante

ÍNDICE

BOWIE EN CIFRAS

25 ÁLBUMES DE ESTUDIO

5 PREMIOS GRAMMY

11 ÁLBUMES N.º 1 EN EL REINO UNIDO

Aladdin Sane, Pin Ups, Diamond Dogs, Scary Monsters (And Super Creeps), Let's Dance, Tonight, Changesbowie, Black Tie White Noise, Best of Bowie, The Next Day, Blackstar

4 PREMIOS BRIT